an Eispéireas Deiridh Nacho

Meer dan 100 onweerstaanbare recepten voor elke gelegenheid. Ontdek de perfecte combinatie van knapperige chips, hartige toppings en gedurfde smaken om de ultieme Nacho-ervaring te creëren

Samuel Vargas

Auteursrechtelijk materiaal ©2023

Alle rechten voorbehouden

Zonder de juiste schriftelijke toestemming van de uitgever en de eigenaar van het auteursrecht mag dit boek op geen enkele manier, vorm of vorm worden gebruikt of verspreid, met uitzondering van korte citaten die in een recensie worden gebruikt. Dit boek mag niet worden beschouwd als vervanging van medisch, juridisch of ander professioneel advies.

INHOUDSOPGAVE

INHOUDSOPGAVE 3
INVOERING 7
RUNDVLEES NACHO 8
   1. Klassieke rundvleesnacho's 9
   2. Kamp Beef Nacho 11
   3. Volledig geladen rundvleesnacho's 13
   4. Tater tot nacho's 15
   5. Grill nacho's 17
   6. Retox-nacho's 19
   7. Koreaanse rundvleesnacho's 21
   8. BBQ-rundvleesnacho's 23
   9. Pittige rundvleesnacho's 25
   10. Philly Cheese-biefstuk Nacho's 27
   11. Biefstuknacho's 29
   12. Nacho's met rundvlees en bonen 31
   13. Taco Beef Nacho's 33
   14. Rundvlees Fajita Nacho's 35
KIP NACHO 37
   15. Geladen kipnacho's 38
   16. Ovenschotel met nacho-kip 40
   17. Nacho's met buffelkip 42
   18. Italiaanse nacho's 44
   19. Kip Fajita Nacho's 47
   20. Klassieke kipnacho's 49
   21. BBQ-kip-nacho's 51
   22. Kip Enchilada Nacho's 53
   23. Guacamole-nacho's met kip 55

24. Kip Taco Nacho's 57

25. Kip Chili Nacho's 59

26. Chicken Bacon Ranch-nacho's 61

27. Avocado Kip Nacho's 63

28. Griekse Kip Nacho's 65

29. Teriyaki Kip Nacho's 67

30. Caprese Kip Nacho's 69

31. Koreaanse BBQ Chicken Nacho's 71

VARKENSNACHO 73

32. Pulled Pork-nacho's 74

33. Ontbijt Bacon Nacho's 76

34. Hawaiiaanse nacho's 78

35. Honing-Limoen Varkensvlees Nacho's 80

36. Caribische nacho's 82

37. Geladen BBQ-varkensnacho's 84

GROENTE NACHO 86

38. Nacho's met groenten en cheddar 87

39. Plantaardige nacho's 89

40. Nacho's van zoete aardappelen 91

41. Geladen nacho's met aardappelschil 93

42. Vegetarische nacho's 95

43. Griekse groentenacho's 97

BONEN NACHO 99

44. Geladen Guacamole Nacho's 100

45. Tempeh-nacho's van zwarte bonen met cashewkaas 102

46. Nacho's met Avocado en Ui Microgreen 104

47. Kaasachtige nacho's 106

48. Hartige nacho's 108

49. Geladen chili-nacho's 111

50. Vlas Chips Nacho's 113

NACHO VAN VIS EN ZEEVRUCHTEN **115**

51. Garnalen Nacho's 116

52. Krokante Garnalen 118

53. Kreeftennacho's 120

54. Tonijn Nacho's 122

55. Krabnacho's 124

56. Nacho's met gerookte zalm 126

57. Vis Taco Nacho's 128

58. Sint-jakobsschelpnacho's 130

59. Nacho's met garnalen en krab 132

60. Ceviche-nacho's 134

FRUIT EN DESSERT NACHO **136**

61. Appelnacho's 137

62. Gala-nacho's met mango-tequilasaus 139

63. Nacho's met mango-tequilasaus 141

64. Aardbeien Cheesecake Nacho's 143

65. Ananas Kokosnacho's 145

66. Nacho's met chocoladebanaan 147

67. Mango Salsa Nacho's 149

68. Kiwi Limoen Nacho's 151

69. Berry Nutella-nacho's 153

70. Gegrilde Perzik Nacho's 155

NACHO DIPPEN **157**

71. Baksteenkaasdip 158

72. Veganistische Cannoli-dip 160

73. Blauwe Kaas & Goudse Kaasdip 162

74. Pubkaasdip 164

75. Pittige maïsdip 166

76. Koolhydraatarme pan-pizzadip 168

77. Rangoondip van krab 170

78. Geitenkaas Guacamole 172

79. Beierse feestdip/spread 174

80. Feestdip van gebakken artisjok 176

81. Buffelkipdip... 178

82. Ranchonderdompeling.. 180

83. Pittige dip van garnalen en kaas 182

84. Knoflook- en spekdip 184

85. Romige Geitenkaas Pesto Dip 186

86. Hot Pizza Superdip 188

87. Gebakken spinazie en artisjokkendip 190

88. Artisjokkendip... 192

89. Romige artisjokkendip 194

90. Dille & Roomkaasdip 196

91. Wilde rijst en Chili Dip 198

92. Pittige pompoen- en roomkaasdip 200

93. Roomkaas en honingdip 202

94. Romige Spinazie-Tahini Dip 204

95. Abrikozen En Chili Dipsaus 206

96. Geroosterde Aubergine Dip 208

97. Radijs Microgroen & Limoen Dip 211

98. Mango-Ponzu Dipsaus 213

99. Aubergine Walnotenpasta 215

100. Pittige Spinaziedip Met Geroosterde Knoflook......................... 217

CONCLUSIE.. **219**

INVOERING

Welkom bij het ultieme kookboek voor nacho's, waar je alles vindt wat je moet weten om voor elke gelegenheid het perfecte bord nacho's te maken. Of je nu een feestje geeft, op zoek bent naar een snelle en gemakkelijke snack, of gewoon zin hebt in heerlijk comfortfood, nacho's zijn de perfecte keuze.

In dit boek vind je meer dan 100 onweerstaanbare recepten voor nacho's die zeker aan je trek zullen voldoen. Van klassieke nacho's met rundvlees en kaas tot creatieve wendingen zoals BBQ-kip of gepofte aardappel, er is voor elk wat wils op deze pagina's.

Maar het gaat niet alleen om de toppings - we laten je zien hoe je je eigen zelfgemaakte chips kunt maken voor de ultieme knapperige crunch, evenals heerlijke sauzen en dipsauzen om je nacho's naar een hoger niveau te tillen. En met opties voor elke voedingsvoorkeur, inclusief vegetarisch en glutenvrij, kan iedereen genieten van dit heerlijke gerecht.

Dus maak je klaar om de perfecte combinatie van knapperige chips, hartige toppings en gedurfde smaken te ontdekken om de ultieme Nacho-ervaring te creëren. Met onze deskundige tips en trucs maak je in een mum van tijd overheerlijke nacho's. Laten we gaan koken!

nacho's, kookboek, recepten, feest, tussendoortje, troostmaaltijd, rundvlees, kaas, BBQ-kip, geladen gepofte aardappel, huisgemaakte frites, krokant, crunch, sauzen, dips, dieetvoorkeur, vegetarisch, glutenvrij, tips van experts, om van te watertanden.

RUNDVLEES NACHO

1. **Klassieke rundvleesnacho's**

1 pond rundergehakt
1 pakje tacokruiden
1 zak tortillachips
2 kopjes geraspte cheddar kaas
1 kopje tomatenblokjes
1 kopje in blokjes gesneden ui
1 kopje salsasaus
1/2 kopje gesneden jalapenos

Verwarm de oven voor op 375°F. Bak het gehakt rul in een koekenpan en voeg de tacokruiden toe. Leg de tortillachips op een bakplaat en bedek met het rundergehakt, kaas, tomaten, uien, salsa en jalapenos. Bak gedurende 10-15 minuten of tot de kaas gesmolten is.

2. Kamp Beef Nacho

- 1 pond Rundergehakt
- 1 lb Bulk, hete varkensworst
- 2 lb Velveeta-kaas, in blokjes
- 10 1/2 oz Champignonroomsoep
- 10 1/2 oz In blokjes gesneden tomaten en groene pepers, in blokjes gesneden
- 2 el Knoflookpoeder
- 1 tl zwarte peper

a) Braad het vlees en de worst bruin in een Dutch Oven; droogleggen. Voeg de resterende ingrediënten toe en verwarm tot velveeta is gesmolten. Goed mengen.
b) Blijf verwarmen tot het mengsel erg warm is. Serveer met tortillachips. Maakt 8 kopjes dipsaus

3. **Volledig geladen rundvleesnacho's**

INGREDIËNTEN

- Rundergehakt (0,45 kg)
- 1 grote zak tortillachips
- 1 groene paprika, ontpit en in blokjes gesneden
- Lente-uitjes, gesneden - ½ kopje
- Rode ui, geschild en in blokjes gesneden - ½ kopje
- Cheddarkaas, versnipperd - 3 kopjes
- Zure room, guacamole, salsa – om te serveren

Routebeschrijving:

a) Leg in een gietijzeren pan een dubbele laag tortillachips.
b) Verdeel het rundergehakt, de paprika, de bosui, de rode ui en tenslotte de cheddarkaas erover.
c) Zet de gietijzeren pan op de grill en bak circa 10 minuten tot de kaas volledig is gesmolten.
d) Haal van de grill en serveer met zure room, guacamole en salsa erbij.

4. **Tater tot nacho's**

PORTIE: 2

INGREDIËNTEN
- 2 porties Tater Tots
- 6 ons. Rundergehakt (80/20), gekookt
- 2 ons. Cheddarkaas, versnipperd
- 2 eetl. Zure room
- 6 zwarte olijven, in plakjes
- 1 eetl. Salsa
- 1/2 middelgrote jalapenopeper, in plakjes

ROUTEBESCHRIJVING
1. Leg 9-10 aardappelkoekjes in een kleine braadpan of mini gietijzeren koekenpan.
2. Voeg 1/2 rundergehakt en 1/2 van de geraspte kaas toe. Begin de tweede laag met minder aardappelkoekjes, 1/2 van het resterende rundvlees en 1/2 van de resterende kaas. Herhaal met de laatste van de aardappelkoekjes. Rooster 4-5 minuten in de oven zodat de kaas smelt.
3. Serveer met jalapenos, zure room, zwarte olijven en salsa. Genieten!

5. **Nacho's grillen**

Ingrediënt
- geraspte kaas
- Tomaten
- gebruind rundvlees
- Salsa

Routebeschrijving:
a) Bekleed je bakplaat eenvoudig met aluminiumfolie en stapel je nacho's erin. Voeg toe wat je lekker vindt,
b) Dek af en plaats een paar minuten op een matig tot laag vuur. Haal van het vuur als de kaas gesmolten is en serveer.

6. <u>Retox-nacho's</u>

Maakt: 3 Porties

INGREDIËNTEN
- ½ avocado, in blokjes
- 1 eetlepel extra vierge olijfolie
- 2 kopjes babyspinazie
- ½ pond biologisch rundergehakt
- Zure room, gesneden jalapeños, verse koriander, voor garnering
- Sesam blauwe tortillachips
- 2 teentjes knoflook, fijngehakt
- ½ witte ui, gesnipperd
- 1 tomaat, in stukjes

INSTRUCTIES
a) Verhit de olie in een pan op middelhoog vuur.
b) Kook knoflook tot het goudbruin is.
c) Voeg spinazie toe en kook tot de spinazie ongeveer 5 minuten geslonken is.
d) Opzij zetten.
e) Voeg gehakt toe aan dezelfde pan en verdeel het met een houten lepel terwijl het kookt.
f) Als het vlees gaar is, haal je het uit de pan en leg je het bovenop de spinazie.
g) Serveer met ui, tomaat en avocado erop.
h) Garneer met zure room, jalapenos en koriander.
i) Serveer met tortillachips.

7. **Koreaanse rundvleesnacho's**

INGREDIËNTEN

1 pond rundergehakt
2 eetlepels. sojasaus
1 eetl. bruine suiker
1 eetl. sesamolie
1/2 theelepel. knoflook poeder
1/2 theelepel. uien poeder
1 zak tortillachips
1 kopje geraspte cheddar kaas
1 kopje geraspte Monterey Jack-kaas
1/4 kopje gesneden groene uien
1/4 kopje gehakte verse koriander

INSTRUCTIES

Verwarm de oven voor op 375 ° F.
Bak het rundergehakt in een koekenpan op middelhoog vuur bruin. Giet eventueel overtollig vet af.
Meng in een kom de sojasaus, bruine suiker, sesamolie, knoflookpoeder en uienpoeder. Voeg het rundvlees toe aan de kom en meng om te coaten.
Spreid de tortillachips uit op een bakplaat in een enkele laag. Strooi de geraspte kaas over de friet en bedek met het rundvleesmengsel.
Bak gedurende 10-15 minuten, of tot de kaas gesmolten en bruisend is.
Top met gesneden groene uien en gehakte koriander.

8. BBQ-rundvleesnacho's

INGREDIËNTEN

1 pond geraspte gekookte runderborst of gebraden vlees
1/2 kop BBQ-saus
1 zak tortillachips
1 kopje geraspte cheddar kaas
1 kopje geraspte Monterey Jack-kaas
1/4 kop in blokjes gesneden rode ui
1/4 kopje gehakte verse koriander
Zure room om te serveren

INSTRUCTIES

Verwarm de oven voor op 375 ° F.
Meng in een kom de gesnipperde beef met de BBQ saus.
Spreid de tortillachips uit op een bakplaat in een enkele laag.
Strooi de geraspte kaas over de friet en bedek met het BBQ-rundvleesmengsel.
Bak gedurende 10-15 minuten, of tot de kaas gesmolten en bruisend is.
Top met in blokjes gesneden rode ui en gehakte koriander.
Serveer met zure room.

9. Pittige Nacho's Met Rundvlees

INGREDIËNTEN

1 pond rundergehakt
1 eetl. Chili poeder
1 theelepel. komijn
1/2 theelepel. paprika
1/4 theelepel. Cayenne peper
1/2 theelepel. zout
1 zak tortillachips
1 kopje geraspte cheddar kaas
1 kopje geraspte Monterey Jack-kaas
1/4 kop in blokjes gesneden jalapeño
1/4 kopje gehakte verse koriander

INSTRUCTIES

Verwarm de oven voor op 375 ° F.
Bak het rundergehakt in een koekenpan op middelhoog vuur bruin. Giet eventueel overtollig vet af.
Meng in een kom de chilipoeder, komijn, paprika, cayennepeper en zout. Voeg het rundvlees toe aan de kom en meng om te coaten.
Spreid de tortillachips uit op een bakplaat in een enkele laag.
Strooi de geraspte kaas over de friet en bedek met het rundvleesmengsel.
Bak gedurende 10-15 minuten, of tot de kaas gesmolten en bruisend is.
Top met in blokjes gesneden jalapeño en gehakte koriander.

10. Philly Cheese-biefstuk Nacho's

INGREDIËNTEN

1 pond dun gesneden ossenhaas of zijsteak
2 eetlepels. olijfolie
1 in blokjes gesneden ui
1 in blokjes gesneden groene paprika
1/4 kopje gesneden champignons
1 zak tortillachips
1 kopje geraspte provolone-kaas
1/4 kopje gehakte verse peterselie

INSTRUCTIES

Verwarm de oven voor op 375 ° F.
Verhit de olijfolie in een koekenpan op middelhoog vuur.
Voeg het in dunne plakjes gesneden rundvlees toe en bak tot het bruin is. Voeg de in blokjes gesneden ui, groene paprika en gesneden champignons toe en kook tot ze zacht zijn.
Spreid de tortillachips uit op een bakplaat in een enkele laag.
4. Strooi de geraspte provolonekaas over de friet en bedek met het rundvleesmengsel.
Bak gedurende 10-15 minuten, of tot de kaas gesmolten en bruisend is.
Werk af met gehakte verse peterselie.

11. **Biefstuk Nacho's**

INGREDIËNTEN

1 pond gegrilde zijsteak, dun gesneden
1 zak tortillachips
1 kopje geraspte cheddar kaas
1 kopje geraspte Monterey Jack-kaas
1/4 kop in blokjes gesneden rode ui
1/4 kopje gehakte verse koriander
Zure room om te serveren

INSTRUCTIES

Verwarm de oven voor op 375 ° F.
Spreid de tortillachips uit op een bakplaat in een enkele laag.
Strooi de geraspte kaas over de frites en bedek met de gegrilde zijsteak.
Bak gedurende 10-15 minuten, of tot de kaas gesmolten en bruisend is.
Top met in blokjes gesneden rode ui en gehakte koriander.
Serveer met zure room.

12. Nacho's met rundvlees en bonen

INGREDIËNTEN

1 pond rundergehakt
1 blik zwarte bonen, uitgelekt en afgespoeld
1 eetl. Chili poeder
1 theelepel. komijn
1/2 theelepel. paprika
1/4 theelepel. Cayenne peper
1/2 theelepel. zout
1 zak tortillachips
1 kopje geraspte cheddar kaas
1 kopje geraspte Monterey Jack-kaas
1/4 kopje gehakte verse koriander
Zure room om te serveren

INSTRUCTIES

Verwarm de oven voor op 375 ° F.
Bak het rundergehakt in een koekenpan op middelhoog vuur bruin. Giet eventueel overtollig vet af.
Voeg de zwarte bonen, chilipoeder, komijn, paprika, cayennepeper en zout toe aan de koekenpan. Roer om te combineren.
Spreid de tortillachips uit op een bakplaat in een enkele laag.
Strooi de geraspte kaas over de friet en bedek met het mengsel van rundvlees en bonen.
Bak gedurende 10-15 minuten, of tot de kaas gesmolten en bruisend is.
Werk af met gehakte verse koriander. Serveer met zure room.

13. Taco Beef Nacho's

INGREDIËNTEN

1 pond rundergehakt
1 eetl. Chili poeder
1 theelepel. komijn
1/2 theelepel. paprika
1/4 theelepel. Cayenne peper
1/2 theelepel. zout
1 zak tortillachips
1 kopje geraspte cheddar kaas
1 kopje geraspte Monterey Jack-kaas
1/4 kopje in blokjes gesneden tomaten
1/4 kop in blokjes gesneden rode ui
1/4 kopje gehakte verse koriander
Zure room om te serveren

INSTRUCTIES

Verwarm de oven voor op 375 ° F.

Bak het rundergehakt in een koekenpan op middelhoog vuur bruin. Giet eventueel overtollig vet af.
Voeg de chilipoeder, komijn, paprika, cayennepeper en zout toe aan de koekenpan. Roer om te combineren.
Spreid de tortillachips uit op een bakplaat in een enkele laag. Strooi de geraspte kaas over de friet en bedek met het taco-rundvleesmengsel.
Bak gedurende 10-15 minuten, of tot de kaas gesmolten en bruisend is.
Top met in blokjes gesneden tomaten, in blokjes gesneden rode ui en gehakte koriander. Serveer met zure room.

14. Rundvlees Fajita Nacho's

INGREDIËNTEN

1 pond roksteak, in plakjes
1 rode paprika, in plakjes
1 groene paprika, in plakjes
1/2 ui, in plakjes
1 zak tortillachips
1 kopje geraspte cheddar kaas
1/4 kopje gehakte verse koriander
Zure room om te serveren

INSTRUCTIES

Verwarm de oven voor op 375 ° F.
Bak de roksteak in een koekenpan op middelhoog vuur tot hij bruin is. Haal uit de pan en zet opzij.
Bak in dezelfde koekenpan de rode en groene paprika en ui tot ze zacht zijn.
Spreid de tortillachips uit op een bakplaat in een enkele laag. Strooi de geraspte cheddarkaas over de friet en bedek met het mengsel van rundvlees en fajita-peper.
Bak gedurende 10-15 minuten, of tot de kaas gesmolten en bruisend is.
Werk af met gehakte verse koriander. Serveer met zure room.

KIP NACHO

15. Geladen Kip Nacho's

2 kopjes gekookte en geraspte kip
1 zak tortillachips
2 kopjes geraspte cheddar kaas
1 blikje zwarte bonen
1/2 kopje in blokjes gesneden rode ui
1/2 kop in blokjes gesneden rode paprika
1/2 kopje in blokjes gesneden groene paprika
1/4 kop gehakte koriander
1/4 kopje zure room

Leg de tortillachips op een bakplaat en bedek met de geraspte kip, kaas, zwarte bonen, rode ui, rode paprika, groene paprika en koriander. Bak gedurende 10-15 minuten of tot de kaas gesmolten is. Top met zure room voor het opdienen.

16. Ovenschotel met nacho-kip

INGREDIËNTEN

- .75 pond. Kippendijen, zonder bot zonder vel
- 1 1/2 theelepel. Chili kruiden
- 2 eetl. Olijfolie
- 4 ons. Roomkaas
- 4 ons. Cheddar kaas
- 1 kop groene pepers en tomaten
- 3 eetl. Parmezaanse Kaas (~45g)
- 1/4 kopje zure room
- 16 oz. pakket Bevroren Bloemkool
- 1 middelgrote Jalapenopeper
- Zout en peper naar smaak

ROUTEBESCHRIJVING

1. Verwarm de oven voor op 375F. Snijd de kip met een keukenschaar in hapklare stukjes. Breng de kip op smaak met zout, peper en chilikruiden.
2. Bak de kip op middelhoog vuur in olijfolie aan alle kanten bruin.
3. Voeg roomkaas, zure room en 3/4 van de cheddarkaas toe aan de chic-ken en roer door elkaar tot het gesmolten en gemengd is. Voeg tomaten en groene chili toe en meng goed.
4. Voeg in een braadpan het kipmengsel uit de pan toe.
5. In de magnetron ingevroren bloemkool tot ze gaar zijn. Gebruik een staafmixer om de resterende kaas te mengen tot een aardappelpuree-achtige consistentie. Kruid met peper en zout.
6. Snijd een jalapeno in stukjes. Verdeel het bloemkoolmengsel over de bovenkant van de braadpan en strooi er jalapenopeper over. Bak 15-20 minuten of tot er wat kleur op de bovenkant zit en de jalapenos gaar zijn.
7. Snijd en serveer. Wat vers gesneden koriander smaakt heerlijk over de top!

17. Buffalo Kip Nacho's

2 kopjes gekookte en geraspte kip
1 zak tortillachips
2 kopjes geraspte Monterey Jack-kaas
1/2 kopje buffelsaus
1/4 kop gehakte koriander
1/4 kopje in blokjes gesneden bleekselderij

Leg de tortillachips op een bakplaat en bedek met de geraspte kip, geraspte kaas, buffelsaus, koriander en selderij. Bak gedurende 10-15 minuten of tot de kaas gesmolten is.

18. Italiaanse nacho's

Maakt: 1

INGREDIËNTEN
ALFREDO SAUS
- 1 kopje half en half
- 1 Kopje Zware Room
- 2 eetlepels ongezouten boter
- 2 teentjes knoflook fijngehakt
- ½ kopje Parmezaanse kaas
- Zout en peper
- 2 Eetlepels bloem

NACHO
- Wontonvellen in driehoeken gesneden
- 1 Kip gekookt en versnipperd
- Gesauteerde Paprika's
- Mozzarella kaas
- Olijven
- Peterselie gehakt
- Parmezaanse kaas
- Olie voor het bakken van pinda's of koolzaad

INSTRUCTIES
a) Voeg de ongezouten boter toe aan een sauspan en smelt op middelhoog vuur.
b) Roer de knoflook erdoor tot alle boter is gesmolten.
c) Voeg snel de bloem toe en klop constant tot het samengeklonterd en goudbruin is.
d) Meng in een mengkom de slagroom en de helft en de helft.
e) Breng aan de kook, zet het vuur laag en kook 8-10 minuten, of tot het ingedikt is.
f) Kruid met peper en zout.
g) Wontons: Verhit de olie in een grote koekenpan op middelhoog vuur, ongeveer ⅓ van de bovenkant.
h) Voeg de wontons een voor een toe en verwarm tot ze bijna goudbruin zijn aan de onderkant, draai ze om en bak de andere kant.

i) Leg een papieren handdoek over de afvoer.
j) Verwarm de oven voor op 350 ° F en bekleed een bakplaat met bakpapier, gevolgd door de wontons.
k) Voeg Alfredo-saus, kip, paprika en mozzarella toe.
l) Plaats onder de grill in de oven gedurende 5-8 minuten, of tot de kaas goed gesmolten is.
m) Haal uit de oven en bestrooi met olijven, Parmezaanse kaas en peterselie.

19. Kip Fajita Nacho's

INGREDIËNTEN

2 kipfilets, dun gesneden
2 eetlepels. olijfolie
1 in blokjes gesneden ui
1 in blokjes gesneden groene paprika
1 zak tortillachips
1 kopje geraspte cheddar kaas
1 kopje geraspte Monterey Jack-kaas
1 in blokjes gesneden tomaat
1/4 kopje gehakte verse koriander
Zure room om te serveren

INSTRUCTIES

Verwarm de oven voor op 375 ° F.
Verhit de olijfolie in een koekenpan op middelhoog vuur.
Voeg de in dunne plakjes gesneden kipfilets toe en bak tot ze bruin zijn. Voeg de in blokjes gesneden ui en groene paprika toe en bak tot ze zacht zijn.
Spreid de tortillachips uit op een bakplaat in een enkele laag. Strooi het kipmengsel over de frites en garneer met de geraspte kaas en de in blokjes gesneden tomaat.
Bak gedurende 10-15 minuten, of tot de kaas gesmolten en bruisend is.
Top met gehakte koriander en serveer met zure room.

20. Klassieke Kip Nacho's

INGREDIËNTEN
2 kopjes gekookte geraspte kip
1 zak tortillachips
1 kopje geraspte cheddar kaas
1 kopje geraspte Monterey Jack-kaas
1/4 kopje in blokjes gesneden tomaten
1/4 kop in blokjes gesneden rode ui
1/4 kopje gehakte verse koriander
Zure room om te serveren
INSTRUCTIES

Verwarm de oven voor op 375 ° F.
Spreid de tortillachips uit op een bakplaat in een enkele laag.
Strooi de geraspte kaas over de friet en bedek met de gekookte geraspte kip.
Bak gedurende 10-15 minuten, of tot de kaas gesmolten en bruisend is.
Top met in blokjes gesneden tomaten, in blokjes gesneden rode ui en gehakte koriander. Serveer met zure room.

21. BBQ Kip Nacho's

INGREDIËNTEN

2 kopjes gekookte geraspte kip
1/2 kop BBQ-saus
1 zak tortillachips
1 kopje geraspte cheddar kaas
1/4 kop in blokjes gesneden rode ui
1/4 kopje gehakte verse koriander
Ranchdressing om te serveren

INSTRUCTIES

Verwarm de oven voor op 375 ° F.
Meng in een kom de gekookte gesnipperde kip met de BBQ-saus.
Spreid de tortillachips uit op een bakplaat in een enkele laag.
Strooi de geraspte cheddarkaas over de friet en bedek met het BBQ-kipmengsel.
Bak gedurende 10-15 minuten, of tot de kaas gesmolten en bruisend is.
Top met in blokjes gesneden rode ui en gehakte koriander.
Serveer met ranchdressing.

22. Kip Enchilada Nacho's

INGREDIËNTEN

2 kopjes gekookte geraspte kip
1 blik (10 oz.) rode enchiladasaus
1 zak tortillachips
1 kopje geraspte cheddar kaas
1/4 kop in blokjes gesneden rode ui
1/4 kopje gehakte verse koriander
Zure room om te serveren

INSTRUCTIES

Verwarm de oven voor op 375 ° F.
Meng in een kom de gekookte gesnipperde kip met de rode enchiladasaus.
Spreid de tortillachips uit op een bakplaat in een enkele laag.
Strooi de geraspte cheddarkaas over de friet en bedek met het mengsel van kip en enchiladasaus.
Bak gedurende 10-15 minuten, of tot de kaas gesmolten en bruisend is.
Top met in blokjes gesneden rode ui en gehakte verse koriander. Serveer met zure room.

23. Kip Guacamole Nacho's

INGREDIËNTEN

2 kopjes gekookte geraspte kip
1/2 kopje guacamole
1 zak tortillachips
1 kopje geraspte Monterey Jack-kaas
1/4 kopje in blokjes gesneden tomaten
1/4 kop in blokjes gesneden rode ui
Zure room om te serveren

INSTRUCTIES

Verwarm de oven voor op 375 ° F.
Spreid de tortillachips uit op een bakplaat in een enkele laag.
Strooi de geraspte Monterey Jack-kaas over de friet en bedek met de gekookte geraspte kip.
Bak gedurende 10-15 minuten, of tot de kaas gesmolten en bruisend is.
Top met klodders guacamole, in blokjes gesneden tomaten en in blokjes gesneden rode ui. Serveer met zure room.

24. Kip Taco Nacho's

INGREDIËNTEN

2 kopjes gekookte geraspte kip
1 pakje tacokruiden
1 zak tortillachips
1 kopje geraspte cheddar kaas
1/4 kopje in blokjes gesneden tomaten
1/4 kop in blokjes gesneden rode ui
Zure room om te serveren

INSTRUCTIES

Verwarm de oven voor op 375 ° F.

Meng in een kom de gekookte gesnipperde kip met de tacokruiden.
Spreid de tortillachips uit op een bakplaat in een enkele laag.
Strooi de geraspte cheddarkaas over de friet en bedek met het kip-taco-kruidenmengsel.
Bak gedurende 10-15 minuten, of tot de kaas gesmolten en bruisend is.
Top met tomatenblokjes en in blokjes gesneden rode ui.
Serveer met zure room.

25. Kip Chili Nacho's

INGREDIËNTEN

2 kopjes gekookte geraspte kip
1 blik (15 oz.) chili met bonen
1 zak tortillachips
1 kopje geraspte cheddar kaas
1/4 kop in blokjes gesneden rode ui
Zure room om te serveren

INSTRUCTIES

Verwarm de oven voor op 375 ° F.

Verhit de chili met bonen in een pan.
Spreid de tortillachips uit op een bakplaat in een enkele laag.
Strooi de geraspte cheddarkaas over de friet en bedek met de gekookte geraspte kip.
Giet de verwarmde chili met bonen over de kip en kaas.
Bak gedurende 10-15 minuten, of tot de kaas gesmolten en bruisend is.
Werk af met in blokjes gesneden rode ui. Serveer met zure room.

26. Chicken Bacon Ranch Nacho's

INGREDIËNTEN

2 kopjes gekookte geraspte kip
1/2 kopje ranchdressing
1 zak tortillachips
1 kopje geraspte cheddar kaas
1/4 kop verkruimeld spek
1/4 kopje gehakte verse peterselie

INSTRUCTIES

Verwarm de oven voor op 375 ° F.
Meng in een kom de gekookte gesnipperde kip met de ranchdressing.
Spreid de tortillachips uit op een bakplaat in een enkele laag.
Strooi de geraspte cheddarkaas over de friet en bedek met het mengsel van kip en ranchdressing.
5. Strooi het verkruimelde spek erover.
Bak gedurende 10-15 minuten, of tot de kaas gesmolten en bruisend is.
Werk af met gehakte verse peterselie.

27. Avocado Kip Nacho's

INGREDIËNTEN

2 kopjes gekookte geraspte kip
1 zak tortillachips
1 kopje geraspte peper jack kaas
1 avocado, in blokjes
1/4 kop in blokjes gesneden rode ui
1/4 kopje gehakte verse koriander
Limoenpartjes om te serveren

INSTRUCTIES

Verwarm de oven voor op 375 ° F.
Spreid de tortillachips uit op een bakplaat in een enkele laag.
Strooi de geraspte peper jack cheese over de friet en bedek met de gekookte geraspte kip.
Bak gedurende 10-15 minuten, of tot de kaas gesmolten en bruisend is.
Top met in blokjes gesneden avocado, in blokjes gesneden rode ui en gehakte verse koriander.
Serveer met partjes limoen ernaast.

28. Griekse Kip Nacho's

INGREDIËNTEN

2 kopjes gekookte geraspte kip
1 zak pitabroodjes
1 kopje verkruimelde fetakaas
1/2 kop in blokjes gesneden komkommer
1/4 kop in blokjes gesneden rode ui
1/4 kop gehakte Kalamata-olijven
1/4 kopje gehakte verse peterselie
1/4 kopje tzatziki-saus om te serveren

INSTRUCTIES

Verwarm de oven voor op 375 ° F.
Spreid de pitabroodjes uit op een bakplaat in een enkele laag.
Strooi de verkruimelde fetakaas over de friet en bedek met de gekookte geraspte kip.
Bak gedurende 10-15 minuten, of tot de kaas gesmolten en bruisend is.
Top met in blokjes gesneden komkommer, in blokjes gesneden rode ui, gehakte Kalamata-olijven en gehakte verse peterselie.
Serveer met tzatzikisaus ernaast.

29. Teriyaki Kip Nacho's

INGREDIËNTEN

2 kopjes gekookte geraspte kip
1/4 kopje teriyakisaus
1 zak tortillachips
1 kopje geraspte Monterey Jack-kaas
1/4 kop in blokjes gesneden groene ui
Sesamzaadjes om te serveren

INSTRUCTIES

Verwarm de oven voor op 375 ° F.
Meng in een kom de gekookte gesnipperde kip met de teriyakisaus.
Spreid de tortillachips uit op een bakplaat in een enkele laag.
Strooi de geraspte Monterey Jack-kaas over de friet en bedek met het mengsel van kip en teriyakisaus.
Bak gedurende 10-15 minuten, of tot de kaas gesmolten en bruisend is.
Top met in blokjes gesneden groene ui en sesamzaadjes.

30. Caprese Kip Nacho's

INGREDIËNTEN

2 kopjes gekookte geraspte kip
1 zak pitabroodjes
1 kopje geraspte mozzarella-kaas
1 tomaat, in blokjes
1/4 kopje gehakte verse basilicum
Balsamico glazuur om te serveren

INSTRUCTIES

Verwarm de oven voor op 375 ° F.
Spreid de pitabroodjes uit op een bakplaat in een enkele laag.
Strooi de geraspte mozzarella over de friet en bedek met de gekookte geraspte kip.
Bak gedurende 10-15 minuten, of tot de kaas gesmolten en bruisend is.
Top met tomatenblokjes en gehakte verse basilicum.
Besprenkel met balsamicoglazuur voor het opdienen.

31. Koreaanse BBQ Chicken Nacho's

INGREDIËNTEN

2 kopjes gekookte geraspte kip
1/4 kopje Koreaanse barbecuesaus
1 zak tortillachips
1 kopje geraspte peper jack kaas
1/4 kop in blokjes gesneden rode ui
1/4 kopje gehakte verse koriander
Sriracha-mayo om te serveren

INSTRUCTIES

Verwarm de oven voor op 375 ° F.
Meng in een kom de gekookte gesnipperde kip met de Koreaanse BBQ-saus.
Spreid de tortillachips uit op een bakplaat in een enkele laag.
Strooi de geraspte peper jack cheese over de friet en bedek met het mengsel van kip en Koreaanse BBQ-saus.
Bak gedurende 10-15 minuten, of tot de kaas gesmolten en bruisend is.
Top met in blokjes gesneden rode ui en gehakte verse koriander.
Besprenkel met sriracha mayo voor het opdienen.

VARKENSNACHO

32. Pulled Pork Nacho's

2 kopjes gekookt en versnipperd getrokken varkensvlees
1 zak tortillachips
2 kopjes geraspte Monterey Jack-kaas
1 kopje barbecuesaus
1/2 kopje in blokjes gesneden rode ui
1/2 kopje in blokjes gesneden ananas
1/4 kop gehakte koriander
Leg de tortillachips op een bakplaat en garneer met de pulled pork, kaas, barbecuesaus, rode ui en ananas. Bak gedurende 10-15 minuten of tot de kaas gesmolten is. Top met koriander voor het opdienen.

33. Ontbijt Bacon Nacho's

1 zak tortillachips
2 kopjes geraspte cheddar kaas
4 roereieren
4 plakjes gekookt spek, in stukjes gesneden
1/2 kopje in blokjes gesneden tomaat
1/4 kop gehakte groene ui
1/4 kopje zure room

Leg de tortillachips op een bakplaat en bedek met de geraspte kaas, roerei, gehakte bacon, in blokjes gesneden tomaat en groene ui. Bak gedurende 10-15 minuten of tot de kaas gesmolten is. Top met zure room voor het opdienen.

34. Hawaiiaanse nacho's

1 zak tortillachips
2 kopjes geraspte mozzarella-kaas
1 kopje in blokjes gesneden ham
1 kop in blokjes gesneden ananas
1/2 kopje in blokjes gesneden rode ui
1/4 kop gehakte koriander

Leg de tortillachips op een bakplaat en garneer met de geraspte mozzarella, blokjes ham, blokjes ananas, rode ui en koriander. Bak gedurende 10-15 minuten of tot de kaas gesmolten is.

35. Honing-Limoen Varkensvlees Nacho's

Maakt: 8

INGREDIËNTEN
- 1½ pond varkenslende zonder bot, bijgesneden
- 1¼ theelepel koosjer zout
- 3 eetlepels honing
- 3 eetlepels vers limoensap
- 1 eetlepel gesneden knoflook
- 8 ons gebakken meergranen tortillachips
- 4 ons peper Jack-kaas, versnipperd
- ½ kopje in blokjes gesneden tomaat
- ⅓ kopje dun gesneden rode ui
- ¼ kopje gehakte verse koriander
- ⅓ kopje zure room met verlaagd vetgehalte
- 2 eetlepels volle melk
- 8 partjes limoen

INSTRUCTIES
a) Bestrooi het varkensvlees met 1 theelepel zout en doe het in een Crockpot. Besprenkel met honing en limoensap; top met de plakjes knoflook.
b) Langzaam koken tot een thermometer die in het dikste deel van het varkensvlees is gestoken, 140 ° F registreert, 2 tot 3 uur.
c) Breng het varkensvlees over naar een snijplank en bewaar de druppels in de Crockpot; laat het varkensvlees 10 minuten rusten. Snijd het varkensvlees in kleine blokjes en gooi met de bewaarde druppels in de Crockpot.
d) Schik de chips in een gelijkmatige laag op een omrande bakplaat en bedek met het varkensvlees en de kaas.
e) Rooster tot de kaas gesmolten is, ongeveer 4 minuten. Top met de tomaat, ui, koriander en resterende ¼ theelepel zout.
f) Combineer zure room en melk en sprenkel over de nacho's.
g) Serveer met partjes limoen.

36. Caribische nacho's

Ingrediënten

- 1 (16-ounce) pakket tortillachips
- 1 rode paprika, in blokjes
- 1 bos groene uien, gehakt
- 1 avocado - geschild, ontpit en in blokjes gesneden
- 1/2 ananas, geschild en in stukjes gesneden
- 8 dikke plakken ontbijtspek
- 3/4 kopje Caribische eikelmarinade
- 1 pond gekookte garnalen, gepeld
- 1/2 pond Monterey Jack-kaas

Routebeschrijving

a) Leg de chips op een dienblad of bakplaat. Schik de rode paprika, oranje paprika, ui, avocado en ananas gecombineerd met de chips.

b) Leg spek in een grote, diepe koekenpan. Kook op middelhoog vuur tot het gelijkmatig knapperig is; laat uitlekken op een bord bekleed met keukenpapier.

c) Giet de jerk-marinade in een pan op middelhoog vuur. Kook, onder voortdurend roeren, voordat de marinade in ongeveer drie minuten tot een dikke, plakkerige consistentie wordt gereduceerd. Voeg de garnalen toe en roer om te coaten; kook voordat de garnalen heet zijn. Verdeel de garnalen over de nacho's; top met Monterrey Jack-kaas en koriander.

d) Plaats de nacho's in de oven voordat de kaas gesmolten is, ongeveer 7 minuten.

37. Geladen BBQ-varkensvleesnacho's

INGREDIËNTEN

2 kopjes geraspt gekookt varkensvlees
1/4 kopje barbecuesaus
1 zak tortillachips
1 kopje geraspte cheddar kaas
1 kopje geraspte Monterey Jack-kaas
1 in blokjes gesneden rode ui
1/4 kopje gehakte verse koriander
Zure room om te serveren

INSTRUCTIES

Verwarm de oven voor op 375 ° F.
Meng in een kom het geraspte varkensvlees met de barbecuesaus tot het bedekt is.
Spreid de tortillachips uit op een bakplaat in een enkele laag.
Strooi de pulled pork over de frites en garneer met de geraspte kaas en de in blokjes gesneden rode ui.
Bak gedurende 10-15 minuten, of tot de kaas gesmolten en bruisend is.
Werk af met verse koriander en serveer met zure room.

GROENTE NACHO

38. Groente en Cheddar Nacho's

1 zak tortillachips
2 kopjes geraspte cheddar kaas
1 blikje zwarte bonen
1 in blokjes gesneden rode paprika
1 in blokjes gesneden groene paprika
1/2 kopje in blokjes gesneden ui
1/2 kopje in blokjes gesneden tomaat
1/4 kop gehakte koriander

Leg de tortillachips op een bakplaat en garneer met de geraspte kaas, zwarte bonen, rode paprika, groene paprika, ui en tomaat. Bak gedurende 10-15 minuten of tot de kaas gesmolten is. Top met koriander voor het opdienen.

39. Plantaardige Nacho's

Porties: 3

INGREDIËNTEN
8 ons Tortillachips
½ kopje gegrilde kip
1 blik Zwarte bonen, uitgelekt, afgespoeld
1 kopje witte queso
½ kopje Druiventomaten, gehalveerd
⅓ kopje Groene ui, in blokjes gesneden

Routebeschrijving:
1. Gebruik folie om de air fry mand te bekleden.
2. Gebruik een anti-aanbakspray om het oppervlak te coaten.
3. Stel de nacho's in elkaar door de chips, kip en bonen er bovenop te leggen.
4. Leg er een laag queso bovenop.
5. Voeg tomaten en uien toe aan de bovenkant.
6. Schakel de Ninja Foodi digitale heteluchtoven in en draai aan de knop om "Air Fry" te selecteren.
7. Selecteer de timer voor 5 minuten en de temperatuur voor 355 °F.
8. Verwijder uit Ninja Foodi Digital Air Fryer Oven om te serveren.

40. Zoete aardappel nacho's

Maakt: 6

INGREDIËNTEN
- 1 eetlepel olijfolie
- ⅓ kopje gehakte tomaat
- ⅓ kopje gehakte avocado
- 1 theelepel chilipoeder
- 1 theelepel knoflookpoeder
- 3 zoete aardappelen
- 1½ theelepel paprikapoeder
- ⅓ kopje geraspte Cheddar-kaas met verlaagd vetgehalte

INSTRUCTIES
a) Verwarm de oven voor op 425 graden Fahrenheit. Smeer de bakvormen in met anti-aanbakspray en bedek ze met folie.
b) Schil en snijd de zoete aardappelen in plakjes van 14 inch.
c) Meng de rondjes met olijfolie, chilipoeder, knoflookpoeder en paprikapoeder.
d) Verdeel gelijkmatig over de voorverwarmde pan en bak gedurende 25 minuten, draai halverwege de kooktijd tot ze krokant zijn.
e) Haal de koekenpan uit de oven en beleg de zoete aardappelen met bonen en kaas.
f) Bak nog 2 minuten tot de kaas gesmolten is.
g) Roer de tomaat en avocado erdoor. Dienen.

41. Geladen Nacho's met Aardappelschil

INGREDIËNTEN

4 roodbruine aardappelen
2 eetlepels. olijfolie
1 zak tortillachips
1 kopje geraspte cheddar kaas
1 kopje geraspte Monterey Jack-kaas
6 reepjes gekookt spek, verkruimeld
1/4 kopje gesneden groene uien
1/4 kopje zure room

INSTRUCTIES

Verwarm de oven voor op 375 ° F.

Was en droog de aardappelen en prik er met een vork gaatjes in. Wrijf in met olijfolie en leg op een bakplaat. Bak gedurende 45-60 minuten, of tot ze gaar zijn.

Snijd de aardappelen in de lengte doormidden en schep het vruchtvlees eruit, laat een dun laagje aardappel in de schil zitten.

Spreid de tortillachips uit op een bakplaat in een enkele laag. Leg de aardappelschillen op de chips.

Strooi de geraspte kaas en het verkruimelde spek over de aardappelschillen en -chips.

Bak gedurende 10-15 minuten, of tot de kaas gesmolten en bruisend is.

Top met gesneden groene uien en klodders zure room.

42. Vegetarische nacho's

INGREDIËNTEN

1 blik zwarte bonen, uitgelekt en afgespoeld
1 blik mais, uitgelekt
1 zak tortillachips
1 kopje geraspte cheddar kaas
1 kopje geraspte Monterey Jack-kaas
1 in blokjes gesneden tomaat
1 in blokjes gesneden jalapeño
1/4 kopje gesneden zwarte olijven
1/4 kopje gehakte verse koriander
Salsa, zure room en guacamole om te serveren

INSTRUCTIES

Verwarm de oven voor op 375 ° F.
Spreid de tortillachips uit op een bakplaat in een enkele laag. Besprenkel de zwarte bonen en maïs over de chips en garneer met de geraspte kaas, in blokjes gesneden tomaat, jalapeño en zwarte olijven.
4. Bak gedurende 10-15 minuten, of tot de kaas gesmolten en bruisend is.
Werk af met verse koriander en serveer met salsa, zure room en guacamole.

43. Griekse Groente Nacho's

INGREDIËNTEN

1 zak pitabroodjes
1 kopje verkruimelde fetakaas
1 kop in blokjes gesneden komkommer
1 kop in blokjes gesneden tomaat
1/4 kop gesneden kalamata-olijven
1/4 kopje gehakte verse peterselie
Tzatziki-saus om te serveren

INSTRUCTIES

Verwarm de oven voor op 375 ° F.
Spreid de pitabroodjes uit op een bakplaat in een enkele laag.
Strooi de verkruimelde fetakaas over de friet en garneer met de in blokjes gesneden komkommer en tomaat.
Strooi de gesneden kalamata-olijven over de nacho's.
Bak gedurende 10-15 minuten, of tot de kaas gesmolten en bruisend is.
Werk af met gehakte peterselie en serveer met tzatzikisaus.

BONEN NACHO

44. Geladen Guacamole Nacho's

INGREDIËNTEN

1 zak tortillachips
2 kopjes geraspte cheddar kaas
1 kopje zwarte bonen
1 kopje tomatenblokjes
1/4 kop gehakte koriander
1/4 kopje in blokjes gesneden rode ui
1/2 kopje zure room
1/2 kopje guacamole

INSTRUCTIES

Verwarm de oven voor op 175°C.
Leg de tortillachips op een bakplaat.
Strooi de geraspte cheddarkaas over de tortillachips.
Voeg de zwarte bonen en tomatenblokjes toe aan de kaas.
Bak 10-15 minuten in de oven of tot de kaas gesmolten is.
Haal uit de oven en bestrooi met gehakte koriander en in blokjes gesneden rode ui.
Sprenkel de zure room en guacamole erover.
Serveer en geniet!

45. Tempeh-nacho's met zwarte bonen en cashewkaas

Opbrengst: 4 porties

INGREDIËNTEN
Cashew Kaas
¾ kopje rauwe cashewnoten, 1 uur tot een nacht geweekt en uitgelekt
1 eetlepel voedingsgist
1 eetlepel tapiocazetmeel of tapiocameel (ze zijn hetzelfde)
½ theelepel knoflookpoeder
½ theelepel uienpoeder
1 eetlepel citroensap
½ kopje water
Tempeh Nacho's
10 tot 18 ons tortillachips
1 15-ounce kan zwarte bonen, uitgelekt en gespoeld
½ kopje in blokjes gesneden rode ui
1 Roma-tomaat, in kleine blokjes
Sla
8 ons tempeh, in zeer kleine blokjes gesneden
1 hete chilipeper, kruiselings dun gesneden
2 eetlepels rauw gepeld hennepzaad
1 avocado
Sap van één limoen

INSTRUCTIES
Cashew Kaas
1. Voeg alle kaasingrediënten toe aan een blender en mix tot een gladde massa. Breng dit gemengde mengsel over in een kleine steelpan. Kook op middelhoog vuur en roer tot de saus wat dikker wordt. Het duurt ongeveer 5 tot 10 minuten. Neem van het vuur om iets af te koelen.

Om de nacho's in elkaar te zetten
2. Leg de sla en alle frites op een schaal. Strooi zwarte bonen over de chips. Stip met cashewkaas. Strooi de rode ui, tomaat, tempeh, chilipeper en hennepzaad erover.
3. Snijd de avocado in blokjes en bagger in limoensap. Strooi in blokjes gesneden avocado over de nacho's.

46. Nacho's met Avocado en Ui Microgreen

Maakt: 2

INGREDIËNTEN
- Gekiemde tarwetortilla's
- Avocado/guacamole
- Tomaten
- Jalapeños, dun gesneden
- ½ blik kidneybonen
- Handvol ui microgreens

INSTRUCTIES

a) Om de gekiemde tarwetortilla's krokant en warm te maken, roostert u ze lichtjes.

b) Pureer de avocado met een vork en verdeel deze over de tortilla's.

c) Garneer met tomaten, jalapeños, kidneybonen en microgroente ui.

47. Kaasachtige nacho's

INGREDIËNTEN
- 4 ons maïstortillachips
- ½ kopje salsasaus
- 1 kopje geraspte cheddar of boerenkaas
- Kleurrijke toppings zoals babyspinazieblaadjes, rode kidneybonen, maïskorrels, kerstomaatjes en gesneden paprika

INSTRUCTIES
a) Schik de maïschips op een magnetronbestendig bord.
b) Verdeel de salsa over de maïschips.
c) Schik de spinazie, bonen, maïs, tomaten en paprika's.
d) Strooi de kaas erover.
e) Magnetron 1½ minuut op hoog vuur tot de kaas gesmolten is.
f) Serveer met guacamole, zure room of extra salsa.

48. Hartige nacho's

VOOR 4 PERSONEN
VOOR DE KAASSAUS:
½ kopje rauwe cashewnoten, minimaal 30 minuten geweekt in warm water, goed afgespoeld
1 eetlepel tahini
1 rode paprika, geroosterd en zonder zaadjes
¼ kopje voedingsgist
1 eetlepel natriumarme sojasaus of Bragg Liquid Aminos
Zest en sap van ½ citroen
¼ theelepel cayennepeper
VOOR DE "REFRIED" BONEN DIP:
Een 15-ounce kan pintobonen, uitgelekt en gespoeld
1 kop Verse Tomatensalsa
1½ theelepel chilipoeder
VOOR DE NACHO:
½ kopje fijngehakte koriander, peterselie of sla
1 avocado, gehalveerd, ontpit, geschild en in plakjes gesneden, optioneel
½ kopje verse tomatensalsa
½ kopje in blokjes gesneden verse tomaten
Gebakken maistortilla's, in frietjes gesneden (zie tip)

DE KAASSAUS MAKEN:
1. Combineer in een blender de geweekte cashewnoten, tahini, geroosterde rode paprika, voedingsgist, sojasaus, citroenschil en -sap, cayennepeper en ¼ kopje water. Mix op de hoogste stand tot een gladde massa. Opzij zetten.
BEREIDING VAN DE "REFRIED" BONEN DIP:
2. Doe de bonen, salsa en chilipoeder in de kom van een keukenmachine. Pureer tot een gladde massa, voeg indien nodig water toe om een gladde consistentie te verkrijgen. Doe de gepureerde bonen in een middelgrote pan en verwarm ze op laag vuur tot ze gaar zijn. Houd warm tot klaar om te serveren.
DE NACHO MONTEREN:
3. Verdeel de bonendip gelijkmatig over de bodem van een middelgrote serveerschaal of ovenschaal. Strijk het oppervlak

glad en strooi koriander over de bonen. Giet de "kaas" saus over de koriander. Garneer met gesneden avocado (indien gebruikt), salsa en in blokjes gesneden verse tomaten en serveer met de gebakken maïschips.

49. Geladen chili-nacho's

1 blik chili
1 zak tortillachips
2 kopjes geraspte cheddar kaas
1/2 kopje in blokjes gesneden tomaat
1/4 kop gehakte koriander
1/4 kopje in blokjes gesneden rode ui

Leg de tortillachips op een bakplaat en garneer met de chili, geraspte kaas, in blokjes gesneden tomaat, koriander en rode ui. Bak gedurende 10-15 minuten of tot de kaas gesmolten is.

50. Vlas Chips Nacho's

INGREDIËNTEN

1 recept Gezouten Lijnzaadchips
1 recept Taco Notenvlees
1 recept Chipotle-kaas
1 recept Heirloom Tomatensalsa
1 rijpe avocado, ontpit en in blokjes gesneden

INSTRUCTIES

Stel je nacho's samen door de gezouten vlaschips op een serveerschaal te plaatsen. Top met het taco-vlees, de kaas, de salsa en de avocado. Geniet meteen.

NACHO VAN VIS EN ZEEVRUCHTEN

51. Garnalen Nacho's

1 pond gekookte en gepelde garnalen
1 zak tortillachips
2 kopjes geraspte cheddar kaas
1 in blokjes gesneden avocado
1/2 kopje in blokjes gesneden tomaat
1/4 kop gehakte koriander
1/4 kopje in blokjes gesneden rode ui

Leg de tortillachips op een bakplaat en bedek met de gekookte garnalen, geraspte kaas, in blokjes gesneden avocado, in blokjes gesneden tomaat, koriander en rode ui. Bak gedurende 10-15 minuten of tot de kaas gesmolten is.

52. Krokante Garnalen

Porties: 4

INGREDIËNTEN
1 ei
½ pond nacho-chips, geplet
12 garnalen, gepeld en ontdarmd

Routebeschrijving:
1. Klop het ei los in een ondiepe schaal.
2. Leg de geplette nachochips in een andere ondiepe schaal.
3. Smeer de garnaal in met het losgeklopte ei en rol tot nachochips.
4. Druk op de AIR OVEN MODE-knop van de Ninja Foodi Digital Air Fryer Oven en draai aan de knop om de "Air Fry"-modus te selecteren.
5. Druk op de TIME/SLICES-knop en draai opnieuw aan de knop om de bereidingstijd in te stellen op 8 minuten.
6. Druk nu op de TEMP/SHADE-knop en draai aan de draaiknop om de temperatuur in te stellen op 355 °F.
7. Druk op de knop "Start/Stop" om te starten.
8. Open de ovendeur wanneer het apparaat piept om aan te geven dat het is voorverwarmd.
9. Schik de garnalen in de air fry mand en plaats in de oven.
10. Open de ovendeur wanneer de bereidingstijd is verstreken en dien onmiddellijk op.

53. Kreeft Nacho's

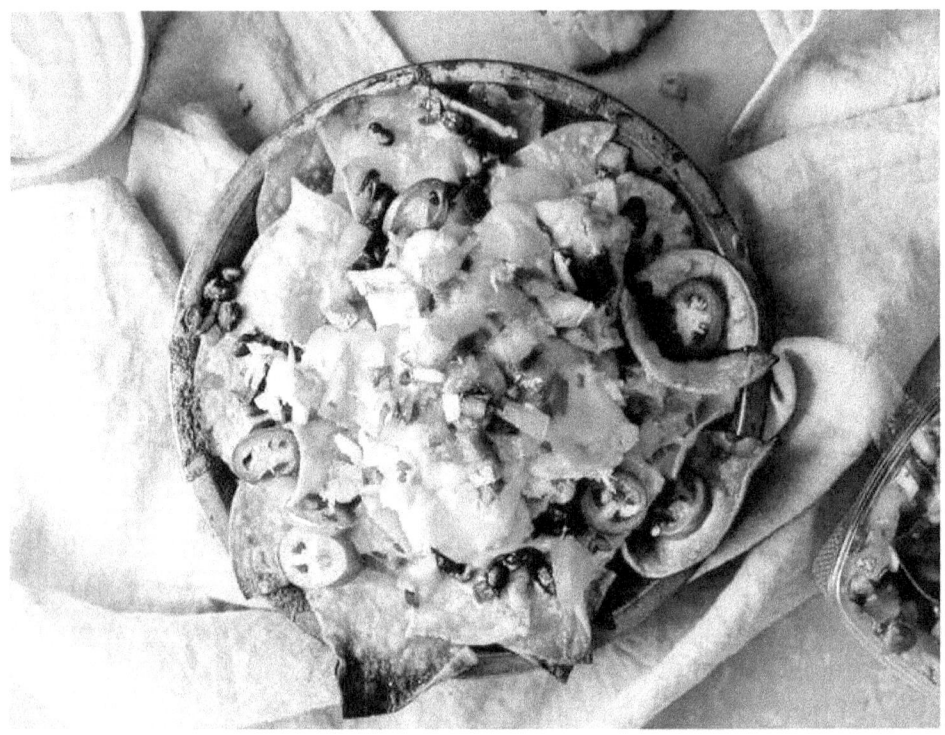

INGREDIËNTEN

1 pond gekookt kreeftenvlees, gehakt
1 el boter
1 el meel
1 kopje melk
Zout en peper
Tortilla chips
1 kopje geraspte Monterey Jack-kaas
Gehakte verse peterselie

INSTRUCTIES

Verwarm de oven voor op 350 ° F.
Smelt de boter in een pan op middelhoog vuur en klop de bloem erdoor. Kook gedurende 1-2 minuten.
Klop geleidelijk de melk erdoor tot een gladde massa. Kruid met peper en zout.
Schik tortillachips op een bakplaat en bedek met gehakt kreeftvlees en geraspte kaas.
Giet de saus over de nacho's en bak ze 8-10 minuten in de oven, of tot de kaas gesmolten en bruisend is.
Garneer met gehakte peterselie.

54. Tonijn Nacho's

INGREDIËNTEN

1 blikje tonijn, uitgelekt en in vlokken
1 el olijfolie
1 tl komijn
1 tl chilipoeder
Zout en peper
Tortilla chips
1 kopje geraspte Pepper Jack-kaas
Gesneden groene uien

INSTRUCTIES

Verwarm de oven voor op 350 ° F.
Meng in een kom de tonijn met olijfolie, komijn, chilipoeder, zout en peper.
Schik tortillachips op een bakplaat en bestrooi met geraspte kaas en de gekruide tonijn.
Bak 8-10 minuten in de oven, of tot de kaas gesmolten en bruisend is.
Garneer met gesneden groene uien.

55. Krab Nacho's

INGREDIËNTEN

1 pond krabvlees
1 el boter
1 el meel
1 kopje melk
Zout en peper
Tortilla chips
1 kopje geraspte cheddar kaas
Gehakte verse koriander

INSTRUCTIES

Verwarm de oven voor op 350 ° F.
Smelt de boter in een pan op middelhoog vuur en klop de bloem erdoor. Kook gedurende 1-2 minuten.
Klop geleidelijk de melk erdoor tot een gladde massa. Kruid met peper en zout.
Schik de tortillachips op een bakplaat en garneer met het krabvlees en de geraspte kaas.
Giet de saus over de nacho's en bak ze 8-10 minuten in de oven, of tot de kaas gesmolten en bruisend is.
Garneer met gehakte koriander.

56. Gerookte Zalm Nacho's

INGREDIËNTEN

4 oz gerookte zalm, gehakt
4 oz roomkaas, verzacht
1 el kappertjes
1 el gehakte verse dille
Zout en peper
Tortilla chips
1 kopje geraspte mozzarella-kaas

INSTRUCTIES

Verwarm de oven voor op 350 ° F.
Meng in een kom de gerookte zalm, slagroom verder
kaas, kappertjes, dille, zout en peper tot alles goed gemengd
is.
3. Schik de tortillachips op een bakplaat en garneer met het
mengsel van gerookte zalm en geraspte mozzarella.
Bak 8-10 minuten in de oven, of tot de kaas gesmolten en
bruisend is.

57. Vis Taco Nacho's

INGREDIËNTEN

1 pond witte vis (zoals kabeljauw), in kleine stukjes gesneden
2 el olijfolie
1 el chilipoeder
Zout en peper
Tortilla chips
1 kopje geraspte Pepper Jack-kaas
Gehakte verse koriander
Gesneden avocado

INSTRUCTIES

Verwarm de oven voor op 350 ° F.
Meng de vis in een kom met olijfolie, chilipoeder, zout en peper.
Schik tortillachips op een bakplaat en bestrooi met geraspte kaas en de gekruide vis.
Bak 8-10 minuten in de oven, of tot de kaas gesmolten en bruisend is.
Garneer met gehakte koriander en in plakjes gesneden avocado.

58. Sint-jakobsschelp Nacho's

INGREDIËNTEN

1 pond zeeschelpen
2 el olijfolie
2 teentjes knoflook, fijngehakt
Zout en peper
Tortilla chips
1 kopje geraspte Monterey Jack-kaas
Gesneden jalapeños

INSTRUCTIES

Verwarm de oven voor op 350 ° F.
Bak de sint-jakobsschelpen in een pan op middelhoog vuur met olijfolie en knoflook tot ze bruin en gaar zijn. Kruid met peper en zout.
Schik tortillachips op een bakplaat en bestrooi met geraspte kaas en de gekookte sint-jakobsschelpen.
Bak 8-10 minuten in de oven, of tot de kaas gesmolten en bruisend is.
Garneer met gesneden jalapeños.

59. Garnalen en Krab Nacho's

INGREDIËNTEN

1 pond garnalen, gepeld en ontdarmd
1 pond krabvlees
2 teentjes knoflook, fijngehakt
Tortilla chips
1 kopje geraspte cheddar kaas
Gehakte verse peterselie

INSTRUCTIES

Verwarm de oven voor op 350 ° F.
Kook de garnalen en knoflook in een pan op middelhoog vuur tot ze roze en gaar zijn. Opzij zetten.
Schik tortillachips op een bakplaat en bedek met de gekookte garnalen, krabvlees en geraspte kaas.
Bak 8-10 minuten in de oven, of tot de kaas gesmolten en bruisend is.
Garneer met gehakte peterselie.

60. Ceviche Nacho's

INGREDIËNTEN

1 pond witte vis (zoals tilapia of snapper), in blokjes
1/2 kopje limoensap
1/4 kopje sinaasappelsap
1/4 kopje gehakte koriander
1/4 kop in blokjes gesneden rode ui
Zout en peper
Tortilla chips
1 kopje geraspte Monterey Jack-kaas

INSTRUCTIES

Meng in een kom de vis, limoensap, sinaasappelsap, koriander, rode ui, zout en peper. Laat 30 minuten tot een uur in de koelkast marineren.

Verwarm de oven voor op 350 ° F.

Schik tortillachips op een bakplaat en bedek met de gemarineerde vis en geraspte kaas.

Bak 8-10 minuten in de oven, of tot de kaas gesmolten en bruisend is.

FRUIT EN DESSERT NACHO

61. Appel nacho's

Maakt: voor 1

INGREDIËNTEN
- 2 appels naar keuze
- ⅓ kopje natuurlijke notenboter
- een klein handje geraspte kokos
- Strooi kaneel
- 1 eetlepel citroensap

INSTRUCTIES
a) Appels: Was, ontpit en snijd je appels in plakjes van ¼ inch.
b) Doe de appelschijfjes in een kleine kom met het citroensap en meng.
c) Notenboter: verwarm je notenboter tot hij warm en licht vloeibaar is.
d) Sprenkel de notenboter in een cirkelvormige beweging vanuit het midden van het bord naar de buitenrand.
e) Bestrooi met kokosvlokken en bestrooi met kaneel.

62. Gala-nacho's met mango-tequilasaus

Opbrengst: 6 porties

Ingrediënt
- 6 maïs OF 4 bloemtortilla's
- 3 eetlepels Boter
- 6 eetlepels Suiker tot
- 1½ liter IJs of sorbet of een mengsel
- 3 kopjes Gesneden vers fruit
- Mango-Tequila-saus;
- Gesuikerde Noten
- ¾ kopje Chocoladeschilfers

Routebeschrijving:

a) Stapel de tortilla's op een stapel en snijd ze in driehoeken, 6 elk voor maïs, of 8 elk voor bloem.

b) Doe ½ eetlepel boter en 1 eetlepel suiker in een grote koekenpan. Zet op middelhoog vuur tot de boter schuimt en de suiker smelt.

c) Voeg zoveel tortilla-driehoeken toe als er passen zonder elkaar te overlappen en bak tot ze opzwellen, ongeveer 1 minuut. Draai en bak aan de andere kant goudbruin, nog ongeveer 1 minuut. Verwijder op een bord zonder overlapping. Voeg meer boter en suiker toe aan de pan en ga door met meer rondjes totdat alle driehoeken krokant zijn.

d) Leg voor de montage bolletjes ijs of sorbetijs in het midden van een grote schaal. Strooi stukjes fruit rond het ijs en stop hier en daar tortilla-driehoeken in. Lepel de mango-tequilasaus over het geheel. Stip met gesuikerde noten en chocoladeschilfers. Serveer meteen.

63. Nacho's met mango-tequilasaus

Maakt: 6 porties

INGREDIËNTEN
- 6 maïs- of 4 bloemtortilla's
- 3 eetlepels Boter
- 6 eetlepels Suiker tot
- 1½ liter ijs of sorbet
- 3 kopjes Gesneden vers fruit

MANGO-TEQUILA SAUS:
- Gesuikerde Noten
- ¾ kopje Chocoladeschilfers

INSTRUCTIES
e) Stapel de tortilla's op een stapel en snijd ze in driehoeken, 6 elk voor maïs, of 8 elk voor bloem.

f) Doe ½ eetlepel boter en 1 eetlepel suiker in een grote koekenpan. Zet op middelhoog vuur tot de boter schuimt en de suiker smelt.

g) Voeg zoveel tortilla-driehoeken toe als er passen zonder elkaar te overlappen en bak tot ze opzwellen, ongeveer 1 minuut. Draai en bak aan de andere kant goudbruin, nog ongeveer 1 minuut. Verwijder op een bord zonder overlapping. Voeg meer boter en suiker toe aan de pan en ga door met meer rondjes totdat alle driehoeken krokant zijn.

h) Leg voor de montage bolletjes ijs of sorbetijs in het midden van een grote schaal. Strooi stukjes fruit rond het ijs en stop hier en daar tortilla-driehoeken in. Lepel de mango-tequilasaus over het geheel. Stip met gesuikerde noten en chocoladeschilfers. Serveer meteen.

64. Aardbeien Cheesecake Nacho's

INGREDIËNTEN

1 pakje kaneel suiker tortillachips
1 pint aardbeien, in blokjes
8 oz roomkaas, verzacht
1/2 kopje poedersuiker
1 tl vanille-extract
Slagroom

INSTRUCTIES

Meng in een kom de roomkaas, poedersuiker en vanille-extract tot een gladde massa.

Schik de tortillachips op een schaal en garneer met de in blokjes gesneden aardbeien en klodders van het roomkaasmengsel.

Besprenkel met slagroom.

65. Ananas Kokosnoot Nacho's

INGREDIËNTEN

1 pak gewone tortillachips
1 blik geplette ananas, uitgelekt
1/2 kopje geraspte kokosnoot
1/2 kop gezoete gecondenseerde melk
1 tl vanille-extract

INSTRUCTIES

Verwarm de oven voor op 350 ° F.
Leg de tortillachips op een bakplaat en garneer met de geplette ananas en geraspte kokos.
Sprenkel de gezoete gecondenseerde melk en het vanille-extract erover.
Bak 8-10 minuten in de oven, of tot de kokosnoot geroosterd is en de melk bubbelt.

66. Chocolade Banaan Nacho's

INGREDIËNTEN

1 pak chocolade tortillachips
2 bananen, in plakjes
1/2 kopje chocoladeschilfers, gesmolten
Gehakte noten (optioneel)

INSTRUCTIES

Schik de chocoladetortillachips op een schaal en garneer met de in plakjes gesneden bananen.
Sprenkel de gesmolten chocolade erover.
Bestrooi eventueel met gehakte noten.

67. Mango Salsa Nacho's

INGREDIËNTEN

1 pak gewone tortillachips
2 mango's, in blokjes
1/4 kop in blokjes gesneden rode ui
1/4 kopje gehakte koriander
1 jalapeñopeper, ontpit en fijngehakt
Sap van 1 limoen
Zout en peper

INSTRUCTIES

Meng in een kom de in blokjes gesneden mango's, rode ui, koriander, jalapeñopeper, limoensap, zout en peper.
Schik de tortillachips op een schaal en garneer met de mangosalsa.

68. Kiwi Limoen Nacho's

INGREDIËNTEN

1 pak gewone tortillachips
4 kiwi's, geschild en in plakjes
Sap van 2 limoenen
1/4 kopje honing

INSTRUCTIES

Schik de tortillachips op een schaal en garneer met de in plakjes gesneden kiwi's.
Sprenkel het limoensap en de honing erover.

69. Berry Nutella-nacho's

INGREDIËNTEN

1 pakje kaneel suiker tortillachips
1 kopje gemengde bessen (zoals aardbeien, bosbessen en frambozen)
1/2 kop Nutella
Gehakte noten (optioneel)

INSTRUCTIES

Schik de kaneelsuikertortillachips op een schaal en garneer met de gemengde bessen.
Magnetron de Nutella gedurende 15-20 seconden om het zacht te maken.
Sprenkel de Nutella erover.
Bestrooi eventueel met gehakte noten.

70. Gegrilde Perzik Nacho's

INGREDIËNTEN

1 pak gewone tortillachips
3 perziken, gehalveerd en ontpit
1/4 kopje honing
1/4 kopje balsamicoazijn
1/4 kopje gehakte verse munt

INSTRUCTIES

Verwarm een grill voor op middelhoog vuur.
Grill de perzikhelften 3-4 minuten per kant, tot ze licht verkoold zijn.
Schik de tortillachips op een schaal en garneer met de gegrilde perzikhelften.
4. Sprenkel de honing en balsamicoazijn erover.
Bestrooi met gehakte verse munt.

NACHO DIPPEN

71. Baksteen Kaas Dip

Maakt: 2 Porties

INGREDIËNTEN
- 3 ons ricottakaas
- 3 oz vers geraspte baksteenkaas
- 3 eetlepels verse tijmblaadjes
- 6 ons geitenkaas
- 1 oz Parmezaanse harde kaas, vers geraspt
- 4 reepjes dik gesneden ontbijtspek, gekookt en verkruimeld
- Zout en peper naar smaak

INSTRUCTIES
a) Maak de oven klaar om te braden.
b) Combineer alle ingrediënten in een ovenschaal.
c) Strooi de Parmezaanse kaas over het gerecht.
d) Bak in een voorverwarmde oven gedurende 5 minuten, of tot de kaas bruin begint te worden en bubbelt.
e) Haal uit de oven en dien onmiddellijk op.

72. Veganistische Cannoli-dip

Maakt: 8

INGREDIËNTEN
- 3/4 kop Kokosmelk, vol vet
- 8 oz Veganistische roomkaas
- 1 tl Amandelextract, puur
- 3/4 kopje banketbakkerssuiker
- 1/2 tl vanille-extract
- 1 kopje Amandelen, rauw
- 2 kopjes Cashewnoten, rauw
- 2 el Pistachenoten

INSTRUCTIES
a) Meng alle ingrediënten.

73. Blauwe Kaas & Goudse Kaas Dip

Maakt: 2 Porties

INGREDIËNTEN
- 2 eetlepels ongezouten boter
- 1 kopje zoete ui, in blokjes gesneden
- 2 kopjes roomkaas, op kamertemperatuur
- ⅛ theelepel zout
- ⅛ theelepel witte peper
- ⅓ kopje Montucky Cold Snacks
- 1 ½ kopje gehakte nepkip
- ½ kopje honingmosterd, plus meer voor motregen
- 2 eetlepels ranchdressing
- 1 kopje geraspte cheddar kaas
- 2 kopjes Goudse kaas, versnipperd
- 2 eetlepels blauwe kaasdressing
- ⅓ kopje verkruimelde blauwe kaas, plus meer voor topping
- ¾ kopje honing BBQ-saus, plus meer voor motregen

INSTRUCTIES
a) Smelt de boter in een grote koekenpan op laag vuur.
b) Roer de in blokjes gesneden uien erdoor en breng op smaak met zout en peper.
c) Kook gedurende 5 minuten, of tot het iets zachter is.
d) Kook, onder regelmatig roeren, tot de uien karameliseren, ongeveer 25 tot 30 minuten.
e) Verwarm de oven voor op 375 ° F.
f) Smeer een 9-inch ovenschaal in met anti-aanbakspray.
g) Combineer de roomkaas, alle kaas, BBQ-saus, honingmosterd, ranchdressing en blauwe kaas in een grote mengkom.
h) Voeg de gekarameliseerde uien en nepkip toe.
i) Doe het beslag in een ovenschaal.
j) Garneer met de overgebleven kaas.
k) Bak de dip 20-25 minuten, of tot hij goudbruin is.
l) Serveer onmiddellijk.

74. Pub Kaasdip

Maakt: 2 Porties

INGREDIËNTEN
- 3 eetlepels grof gesneden, ingemaakte jalapeno pepers
- 1 kopje harde cider
- ⅛ theelepel gemalen rode peper
- 2 kopjes geraspte extra scherpe, gele cheddarkaas
- 2 kopjes geraspte Colby-kaas
- 2 eetlepels maizena
- 1 eetlepel Dijon-mosterd
- 60 crackers

INSTRUCTIES
- Combineer cheddarkaas, Colby-kaas en maizena in een middelgrote mengkom. Zet opzij.
- Combineer cider en mosterd in een middelgrote pan.
- Kook tot het kookt op middelhoog vuur.
- Klop het kaasmengsel langzaam, beetje bij beetje, tot een gladde massa.
- Zet het vuur uit.
- Roer de jalapeno en rode paprika erdoor.
- Plaats het mengsel in een 1-kwart slowcooker of fonduepan.
- Warm houden op laag vuur.
- Serveer naast crackers.

75. Pittige Maïsdip

Maakt: 6 Porties

INGREDIËNTEN
- 1 eetlepel extra vierge olijfolie
- ½ pond pittige Italiaanse worst
- 1 middelgrote rode ui, in blokjes gesneden
- 1 grote rode paprika, in blokjes
- 1 kopje zure room
- 4 ons roomkaas, op kamertemperatuur
- 4 kopjes bevroren maïs, ontdooid
- ½ kopje gehakte groene uien
- 1 grote jalapeño, in blokjes
- 4 teentjes knoflook, gehakt
- 1 eetlepel gehakte koriander
- 2 theelepels Creoolse kruiden
- 1 theelepel gemalen zwarte peper
- 1 kopje geraspte scherpe cheddarkaas, verdeeld
- 1 kopje geraspte Colby Jack-kaas, verdeeld
- Plantaardige olie, om in te vetten

INSTRUCTIES

a) Verwarm de oven voor op 350 graden F.

b) Verhit de olie in een grote pan op middelhoog vuur. Voeg de Italiaanse worst toe en bak tot deze bruin is. Doe de uien en paprika erbij. Kook tot ze zacht worden.

c) Voeg de zure room en roomkaas toe. Roer tot alles goed gemengd is en voeg dan de maïs, groene ui, jalapeño, knoflook en koriander toe. Blijf de ingrediënten roeren tot alles goed is opgenomen. Strooi de Creoolse kruiden, zwarte peper, ½ kopje cheddar en ½ kopje Colby Jack-kaas erin. Goed mengen.

d) Vet een ovenschaal licht in en voeg dan het maïsmengsel toe. Bestrooi met de resterende kaas en bak onafgedekt gedurende 20 minuten. Iets afkoelen voor het opdienen.

76. Low-Carb pan pizzadip

Maakt: 1 Portie

INGREDIËNTEN
- 6 ons. Roomkaas in de magnetron
- 1/4 kopje zure room
- 1/2 kopje Mozzarella Kaas, versnipperd
- Zout en peper naar smaak
- 1/4 kop Mayonaise
- 1/2 kopje Mozzarella Kaas, versnipperd
- 1/2 kopje koolhydraatarme tomatensaus
- 1/4 kopje Parmezaanse kaas

INSTRUCTIES

a) Verwarm de oven voor op 350 graden Fahrenheit.
b) Meng de roomkaas, zure room, mayonaise, mozzarella, zout en peper.
c) Giet in schaaltjes en verdeel tomatensaus over elke schaal, evenals mozzarella en parmezaanse kaas.
d) Beleg je pan-pizza-dips met je favoriete toppings.
e) Bak gedurende 20 minuten.
f) Serveer met lekkere broodstengels of varkenszwoerd!

77. Rangoon-dip van krab

INGREDIËNTEN
f) 1 (8-ounce) pakket roomkaas, verzacht tot kamertemperatuur
g) 2 eetlepels olijfoliemayonaise
h) 1 eetlepel vers geperst citroensap
i) 1/2 theelepel zeezout
j) 1/4 theelepel zwarte peper
k) 2 teentjes knoflook, fijngehakt
l) 2 middelgrote groene uien, in blokjes gesneden
m) 1/2 kopje geraspte Parmezaanse kaas
n) 4 ons (ongeveer 1/2 kop) ingeblikt wit krabvlees

INSTRUCTIES
a) Verwarm de oven voor op 350 ° F.
b) Meng in een middelgrote kom roomkaas, mayonaise, citroensap, zout en peper met een staafmixer tot ze goed zijn opgenomen.
c) Voeg knoflook, uien, Parmezaanse kaas en krabvlees toe en meng met een spatel door het mengsel.
d) Doe het mengsel in een ovenvaste kom en verdeel het gelijkmatig.
e) Bak 30-35 minuten tot de bovenkant van de dip lichtbruin is. Serveer warm.

78. Geitenkaas Guacamole

Maakt: 4-6

INGREDIËNTEN
- 2 avocado's
- 3 ons geitenkaas
- schil van 2 limoenen
- citroensap van 2 limoenen
- ¾ theelepel knoflookpoeder
- ¾ theelepel uienpoeder
- ½ theelepel zout
- ¼ theelepel rode pepervlokken (optioneel)
- ¼ theelepel peper

INSTRUCTIES
- Voeg avocado's toe aan een keukenmachine en mix tot een gladde massa. Voeg de rest van de INGREDIËNTEN toe en mix tot ze zijn opgenomen.
- Serveer met frites.

79. Beierse feestdip/spread

Maakt: 1 1/4 pond

INGREDIËNTEN
- ½ kopje Uien, fijngehakt
- 1 pond Braunschweiger
- 3 ons roomkaas
- ¼ theelepel zwarte peper

INSTRUCTIES
a) Fruit de uien 8-10 minuten, onder regelmatig roeren; haal van het vuur en laat uitlekken. Verwijder de darm van Braunschweiger en meng het vlees met de roomkaas tot een gladde massa. Meng uien en peper erdoor.

b) Serveer als leverspread op crackers, dun gesneden partyrogge of serveer als dip vergezeld van een verscheidenheid aan verse rauwe groenten zoals wortelen, selderij, broccoli, radijs, bloemkool of kerstomaatjes.

80. Feestdip van gebakken artisjok

INGREDIËNTEN

- 1 Brood groot donker roggebrood
- 2 eetlepels Boter
- 1 bos groene uien; gehakt
- 6 teentjes verse knoflook; fijngehakt, tot 8
- 8 ons roomkaas; bij kamertemperatuur
- 16 ons zure room
- 12 ons geraspte cheddarkaas
- 1 blik (14 oz.) Artisjokharten; uitgelekt en in vieren gesneden

INSTRUCTIES

- Snijd een gat in de bovenkant van het broodbrood van ongeveer 5 inch in diameter. Verwijder het zachte brood uit het gesneden gedeelte en gooi het weg. Reserve korst om top voor brood te maken.
- Schep het grootste deel van de zachte binnenkant van het brood eruit en bewaar het voor andere doeleinden, zoals vulling of gedroogde broodkruimels. In de boter,
- Fruit de groene uien en de knoflook tot de uien slinken. Snijd de roomkaas in kleine stukjes, voeg de uien, knoflook, zure room en cheddarkaas toe. Goed mengen. Vouw de artisjokharten erdoor en maak van dit mengsel uitgehold brood. Leg de bovenkant op het brood en wikkel het in stevig aluminiumfolie. Bak in een oven van 350 graden gedurende 1½ uur.
- Als je klaar bent, verwijder je de folie en serveer je met cocktailroggebrood om de saus uit te dippen.

81. Buffelkip dip

INGREDIËNTEN

- 1 (8-ounce) pakket roomkaas
- 1/2 kopje Frank's roodgloeiende saus
- 1/4 kop volvette ingeblikte kokosmelk
- 11/2 kopjes geraspte gekookte kip
- 3/4 kopje geraspte mozzarella, verdeeld
- 1/2 kop blauwe kaas brokkelt af

INSTRUCTIES

a) Voeg roomkaas toe aan een middelgrote pan en verwarm op middelhoog vuur tot het gesmolten is. Roer de hete saus en kokosmelk erdoor.

b) Voeg, wanneer gecombineerd, kip toe tot deze is opgewarmd.

c) Haal van het vuur en roer er 1/2 kopje mozzarellakaas en blauwe kaaskruimels door.

d) Breng over naar een ovenschaal van 8 "× 8" en strooi de resterende mozzarella erover. Bak 15 minuten of tot de kaas bubbelt. Serveer warm.

82. Ranch duik

INGREDIËNTEN
- 1 kopje mayonaise
- 1/2 kopje gewone Griekse yoghurt
- 11/2 theelepels gedroogde bieslook
- 11/2 theelepels gedroogde peterselie
- 11/2 theelepels gedroogde dille
- 3/4 theelepel gegranuleerde knoflook
- 3/4 theelepel gegranuleerde ui
- 1/2 theelepel zout
- 1/4 theelepel zwarte peper

INSTRUCTIES
a) Combineer alle ingrediënten in een kleine kom.
b) Laat 30 minuten voor het serveren in de koelkast staan.

83. Pittige dip van garnalen en kaas

INGREDIËNTEN

- 2 plakjes bacon zonder toegevoegde suikers
- 2 middelgrote gele uien, geschild en in blokjes gesneden
- 2 teentjes knoflook, fijngehakt
- 1 kop popcorngarnalen (niet de gepaneerde soort), gekookt
- 1 middelgrote tomaat, in blokjes
- 3 kopjes geraspte Monterey Jack-kaas
- 1/4 theelepel Frank's roodgloeiende saus
- 1/4 theelepel cayennepeper
- 1/4 theelepel zwarte peper

INSTRUCTIES

- Bak het spek in een middelgrote koekenpan op middelhoog vuur tot het knapperig is, ongeveer 5-10 minuten. Vet in pan bewaren. Leg het spek op keukenpapier om af te koelen. Als het afgekoeld is, verkruimel je het spek met je vingers.
- Voeg de ui en knoflook toe aan de spekdruppels in de koekenpan en bak op middelhoog vuur tot ze zacht en geurig zijn, ongeveer 10 minuten.
- Combineer alle ingrediënten in een slowcooker; goed roeren. Kook afgedekt op lage stand 1-2 uur of tot de kaas volledig is gesmolten.

84. Knoflook en spek dip

INGREDIËNTEN

- 8 plakjes bacon zonder toegevoegde suikers
- 2 kopjes gehakte spinazie
- 1 (8-ounce) pakket roomkaas, verzacht
- 1/4 kopje volle zure room
- 1/4 kop volle Griekse yoghurt
- 2 eetlepels gehakte verse peterselie
- 1 eetlepel citroensap
- 6 teentjes geroosterde knoflook, gepureerd
- 1 theelepel zout
- 1/2 theelepel zwarte peper
- 1/2 kop geraspte Parmezaanse kaas

INSTRUCTIES

- Verwarm de oven voor op 350 ° F.
- Bak spek in een middelgrote koekenpan op middelhoog vuur tot het krokant is. Haal de bacon uit de pan en leg apart op een bord met keukenpapier.
- Voeg spinazie toe aan de hete pan en kook tot het geslonken is. Haal van het vuur en zet opzij.
- Voeg roomkaas, zure room, yoghurt, peterselie, citroensap, knoflook, zout en peper toe aan een middelgrote kom en klop met een handmixer tot gecombineerd.
- Snijd het spek grof en roer het roomkaasmengsel erdoor. Roer de spinazie en Parmezaanse kaas erdoor.
- Breng over naar een bakblik van 20 x 20 cm en bak 30 minuten of tot het heet en bruisend is.

85. Romige Geitenkaas Pesto Dip

INGREDIËNTEN
- 2 kopjes verpakte verse basilicumblaadjes
- ½ kopje geraspte Parmezaanse kaas
- 8 ons geitenkaas
- 1 -2 theelepels gehakte knoflook
- ½ theelepel zout
- ½ kopje olijfolie

INSTRUCTIES
- Meng basilicum, kaas, knoflook en zout in een keukenmachine of blender tot een gladde massa. Voeg olijfolie toe in een gelijkmatige stroom en meng tot gecombineerd.
- Serveer direct of bewaar in de koelkast.

86. **Hot Pizza Superdip**

INGREDIËNTEN
- Verzachte roomkaas
- Mayonaise
- Mozzarella kaas
- Basilicum
- Oregano
- Knoflook poeder
- Pepperoni
- Zwarte olijven
- Groene Paprika's

INSTRUCTIES
a) Meng je zachte roomkaas, mayonaise en een klein beetje mozzarellakaas erdoor. Voeg een snufje basilicum, oregano, peterselie en knoflookpoeder toe, roer tot het mooi gecombineerd is.
b) Vul het in je diepe schoteltaartplaat en verdeel het in een gelijkmatige laag.
c) Verdeel je pizzasaus erover en voeg je favoriete toppings toe. Voor dit voorbeeld voegen we mozzarella, pepperoni, zwarte olijven en groene pepers toe. Bak op 350 gedurende 20 minuten.

87. Gebakken spinazie en artisjokkendip

INGREDIËNTEN

a) 14 oz kan ongemarineerde artisjokharten, uitgelekt en grof gehakt
b) 10 oz bevroren gehakte spinazie ontdooid
c) 1 kopje echte mayonaise
d) 1 kopje geraspte Parmezaanse kaas
e) 1 teen knoflook geperst

INSTRUCTIES

- Ontdooi diepvriesspinazie en knijp het daarna droog met je handen.
- Roer door elkaar: uitgelekte en gehakte artisjok, geperste spinazie, 1 kopje mayonaise, 3/4 kopje parmezaanse kaas, 1 geperst teentje knoflook en breng over naar een 1-kwart braadpan of taartvorm. Strooi over de resterende 1/4 kop Parmezaanse kaas.
- Bak onafgedekt gedurende 25 minuten op 350°F of tot het is opgewarmd. Serveer met je favoriete crostini, chips of crackers.

88. <u>Artisjok Dip</u>

MAAKT 8

INGREDIËNTEN
- 2 kopjes artisjokharten, gehakt
- 1 kopje mayonaise of lichte mayonaise
- 1 kopje geraspte Parmezaanse kaas

INSTRUCTIES
a) Meng alle ingrediënten en doe het mengsel in een ingevette ovenschaal. Bak gedurende 30 minuten op 350 ° F.

b) Bak de dip totdat deze lichtbruin en bruisend bovenop is.

89. Romige artisjokkendip

INGREDIËNTEN

90. 2 x 8 ons. pakjes roomkaas, kamertemperatuur
91. 1/3 kopje zure room
92. 1/4 kopje mayonaise
93. 1 eetlepel citroensap
94. 1 eetlepel Dijon-mosterd
95. 1 teentje knoflook
96. 1 theelepel Worcestershire-saus
97. 1/2 theelepel hete pepersaus
98. 3 x 6 ons. potjes gemarineerde artisjokharten, uitgelekt en fijngehakt
99. 1 kop geraspte mozzarellakaas
100. 3 lente-uitjes
101. 2 theelepel gehakte jalapeño

INSTRUCTIES

● Klop met een elektrische mixer de eerste 8 INGREDIËNTEN in een grote kom totdat ze gemengd zijn. Vouw artisjokken, mozzarella, lente-uitjes en jalapeño erdoor.

● Breng over naar een ovenschaal.

● Verwarm de oven voor op 400 ° F.

● Bak de dipsaus tot hij bubbelt en bruin wordt - ongeveer 20 minuten.

90. Dille & Roomkaas Dip

Maakt: 4 tot 6 porties

INGREDIËNTEN
- 1 kopje gewone sojayoghurt
- 4 ons roomkaas
- 1 eetlepel citroensap
- 2 eetlepels gedroogde bieslook
- 2 eetlepels gedroogde dille wiet
- 1/2 theelepel zeezout
- Scheutje peper

INSTRUCTIES
a)   Mix alles en zet minstens een uur in de koelkast.

VOEDING: Calorieën 120| Vet 9g (Verzadigd 2g) | Cholesterol 0mg| Natrium 435mg| Koolhydraten 9g| Voedingsvezels 1g| Eiwit 3g.

91. Wilde rijst en Chili Dip

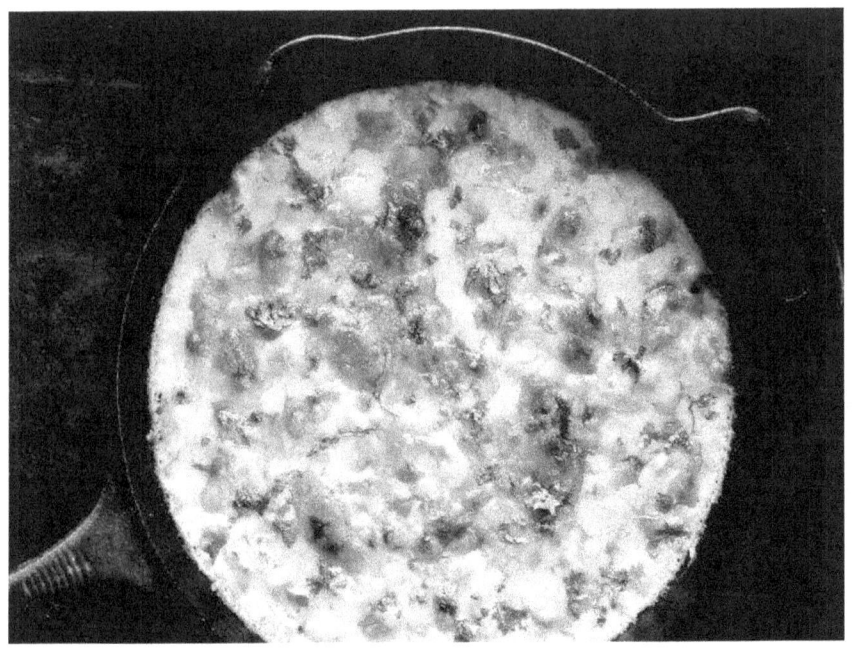

Maakt: 4 tot 6 porties

INGREDIËNTEN
- 12 ons gekookte linzen
- 1/4 kop gistvrije groentebouillon
- 1/4 kopje gehakte groene paprika
- 1/2 teentje knoflook, geperst
- 1 kop tomatenblokjes
- 1/4 kopje gehakte ui
- 2 ons roomkaas
- 1/2 eetlepel chilipoeder
- 1/2 theelepel komijn
- 1/4 theelepel zeezout
- Scheutje paprika
- 1/2 kopje gekookte wilde rijst

INSTRUCTIES

a) Kook in een kleine sauspan de linzen en groentebouillon.

b) Voeg de uien, paprika, knoflook en tomaten toe en bak 8 minuten op middelhoog vuur.

c) Combineer roomkaas, chilipoeder, komijn en zeezout in een blender tot een gladde massa.

d) Combineer de rijst, roomkaasmix en linzengroentemix in een grote mengkom en meng goed.

92. Pittige Pompoen & Roomkaas Dip

Maakt: 4 tot 6 porties

INGREDIËNTEN
- 8 ons roomkaas
- 15 ons ongezoete ingeblikte pompoen
- 1 theelepel kaneel
- 1/4 theelepel piment
- 1/4 theelepel nootmuskaat
- 10 pecannoten, gebroken

INSTRUCTIES
a)   Klop de roomkaas en pompoen uit blik samen in een mixer tot een romig geheel.

b)   Roer de kaneel, piment, nootmuskaat en pecannoten erdoor tot alles goed gemengd is. Voor het serveren een uur in de koelkast laten opstijven.

93. <u>Roomkaas en honingdip</u>

Maakt: 2 porties

INGREDIËNTEN
- 2 ons roomkaas
- 2 eetlepels honing
- 1/4 kopje geperst sinaasappelsap
- 1/2 theelepel gemalen kaneel

INSTRUCTIES
a) Mix alles tot een gladde massa.

94. <u>Romige Spinazie-Tahini Dip</u>

Maakt ongeveer 1 kop

INGREDIËNTEN
- 1 (10-ounce) pakket verse babyspinazie
- 1 tot 2 teentjes knoflook
- 1/2 theelepel zout
- 1/3 kop tahini (sesampasta)
- Sap van 1 citroen
- Gemalen cayennepeper
- 2 theelepels geroosterde sesamzaadjes, voor garnering

INSTRUCTIES
- Stoom de spinazie lichtjes tot hij geslonken is, ongeveer 3 minuten. Knijp droog en zet opzij.
- Verwerk de knoflook en het zout in een keukenmachine tot ze fijngehakt zijn. Voeg de gestoomde spinazie, tahini, citroensap en cayennepeper naar smaak toe.
- Verwerk tot goed gemengd en proef, indien nodig kruiden aanpassen.
- Breng de dip over in een middelgrote kom en bestrooi met de sesamzaadjes. Als u het niet meteen gebruikt, dek het dan af en zet het in de koelkast totdat het nodig is.
- Op de juiste manier bewaard, is het tot 3 dagen houdbaar.

95. <u>Abrikozen En Chili Dipsaus</u>

Maakt ongeveer 1 kop

INGREDIËNTEN
- 4 gedroogde abrikozen
- 1/2 kopje wit druivensap of appelsap
- 1/2 theelepel Aziatische chilipasta
- 1/2 theelepel geraspte verse gember
- 1 eetlepel sojasaus
- 1 eetlepel rijstazijn

INSTRUCTIES
- Combineer de abrikozen en het druivensap in een kleine steelpan en breng aan de kook. Haal van het vuur en laat 10 minuten staan zodat de abrikozen zacht kunnen worden.
- Breng het abrikozenmengsel over in een blender of keukenmachine en verwerk het tot een gladde massa. Voeg de chilipasta, gember, sojasaus en azijn toe en verwerk tot een gladde massa. Proef, kruid eventueel bij.
- Doe over in een kleine kom. Als u het niet meteen gebruikt, dek het dan af en zet het in de koelkast totdat het nodig is.
- Mits goed bewaard is de saus 2 tot 3 dagen houdbaar.

96. <u>Geroosterde Aubergine Dip</u>

Merken: 5 KOPJES (1,19 L)

INGREDIËNTEN
- 3 middelgrote aubergines met schil (de grote, ronde, paarse variant)
- 2 eetlepels olie
- 1 volle theelepel komijnzaad
- 1 theelepel gemalen koriander
- 1 theelepel kurkumapoeder
- 1 grote gele of rode ui, gepeld en in blokjes gesneden
- 1 stuk gemberwortel van 2 inch [5 cm], geschild en geraspt of fijngehakt
- 8 teentjes knoflook, gepeld en geraspt of gehakt
- 2 middelgrote tomaten, geschild (indien mogelijk) en in blokjes gesneden
- 1–4 groene Thaise, serrano of cayennepeper, gehakt
- 1 theelepel rode chilipoeder of cayennepeper
- 1 eetlepel grof zeezout

INSTRUCTIES
a) Zet een ovenrek op de op één na hoogste stand. Verwarm de grill voor op 260 °C (500 °F). Bekleed een bakplaat met aluminiumfolie om later een rommeltje te voorkomen.
b) Prik met een vork gaatjes in de aubergine (om stoom te laten ontsnappen) en leg ze op de bakplaat. Rooster 30 minuten, één keer keren. De huid zal in sommige gebieden verkoold en verbrand zijn als ze klaar zijn. Haal de bakplaat uit de oven en laat de aubergine minimaal 15 minuten afkoelen. Snijd met een scherp mes een spleet in de lengte van het ene uiteinde van elke aubergine naar het andere en trek het iets open. Schep het geroosterde vruchtvlees eruit en zorg ervoor dat u de stoom vermijdt en dat u zoveel mogelijk sap bewaart. Doe het geroosterde auberginevlees in een kom - je hebt ongeveer 4 kopjes (948 ml).
c) Verhit de olie in een diepe, zware pan op middelhoog vuur.
d) Voeg de komijn toe en kook tot het sist, ongeveer 30 seconden.

e) Voeg de koriander en kurkuma toe. Meng en kook gedurende 30 seconden.
f) Voeg de ui toe en bak 2 minuten mee.
g) Voeg de gemberwortel en knoflook toe en bak nog 2 minuten.
h) Voeg de tomaten en chilipepers toe. Kook gedurende 3 minuten, tot het mengsel zacht wordt.
i) Voeg het vruchtvlees van de geroosterde aubergines toe en bak nog eens 5 minuten, af en toe roerend om plakken te voorkomen.
j) Voeg het rode chilipoeder en zout toe. Op dit punt moet u ook alle verdwaalde stukjes verkoolde aubergineschil verwijderen en weggooien.
k) Mix dit mengsel met een staafmixer of in een aparte blender. Overdrijf het niet - er moet nog wat textuur zijn. Serveer met geroosterde naanplakjes, crackers of tortillachips. Je kunt het ook traditioneel serveren bij een Indiase maaltijd van roti, linzen en raita.

97. Radijs Microgreen & Limoen Dip

INGREDIËNTEN

- 4 oz radijs microgreens
- 2 ons koriander
- 8 ons zure room
- 1 el gele ui, geraspt
- 1 klein teentje knoflook, geraspt
- 2 el limoensap of naar smaak
- zout naar smaak
- rode pepervlokken naar smaak

INSTRUCTIES

- Combineer in een blender microgreens, koriander (stengels en alles), ui, knoflook en zure room tot een gladde massa.

- Breng op smaak met limoensap, zout en een snufje rode pepervlokken. Serveer met friet, groenten, gegrild vlees en andere bijgerechten.

98. Mango-Ponzu Dipsaus

Maakt ongeveer 1 1/4 kopjes

INGREDIËNTEN
d) 1 kop in blokjes gesneden rijpe mango
e) 1 eetlepel ponzu-saus
f) 1/4 theelepel Aziatische chilipasta
g) 1/4 theelepel suiker
h) 2 eetlepels water, plus meer indien nodig

INSTRUCTIES
● Combineer alle ingrediënten in een blender of keukenmachine en mix tot een gladde massa, voeg nog een eetlepel water toe als een dunnere saus gewenst is.
● Doe over in een kleine kom. Serveer onmiddellijk of dek af en zet in de koelkast tot gebruik. Deze saus kan het beste worden gebruikt op dezelfde dag dat hij is gemaakt.

99. Aubergine Walnoot Spread

Maakt ongeveer 2 1/2 kopjes

INGREDIËNTEN
- 2 eetlepels olijfolie
- 1 kleine ui, gesnipperd
- 1 kleine aubergine, geschild en in blokjes van 1/2 inch gesneden
- 2 teentjes knoflook, gehakt
- 1/2 theelepel zout
- 1/8 theelepel gemalen cayennepeper
- 1/2 kopje gehakte walnoten
- 1 eetlepel verse gehakte basilicum
- 2 eetlepels veganistische mayonaise
- 2 eetlepels gehakte verse peterselie, voor garnering

INSTRUCTIES
a) Verhit de olie in een grote koekenpan op middelhoog vuur. Voeg de ui, aubergine, knoflook, zout en cayennepeper toe. Dek af en kook tot ze zacht zijn, ongeveer 15 minuten. Roer de walnoten en basilicum erdoor en zet opzij om af te koelen.

b) Doe het afgekoelde auberginemengsel in een keukenmachine. Voeg de mayonaise toe en verwerk tot een gladde massa. Proef, breng indien nodig op smaak, breng over in een middelgrote kom en garneer met de peterselie.

c) Als u het niet meteen gebruikt, dek het dan af en zet het in de koelkast totdat het nodig is.

d) Op de juiste manier bewaard, is het tot 3 dagen houdbaar.

100. Pittige Spinaziedip Met Geroosterde Knoflook

Maakt ongeveer 2 1/2 kopjes

INGREDIËNTEN
- 5 tot 7 teentjes knoflook
- 1 (10-ounce) pakket bevroren gehakte spinazie, ontdooid
- 1/2 kopje veganistische mayonaise, zelfgemaakt (zie Veganistische mayonaise) of uit de winkel
- 1/2 kopje veganistische zure room, zelfgemaakt (zie Tofu Sour Cream) of uit de winkel
- 2 theelepels vers limoensap
- 1/4 kopje gehakte groene uien
- 1/4 kopje geraspte wortel
- 2 eetlepels gehakte verse koriander of peterselie
- 1/2 theelepel selderijzout
- Zout en versgemalen zwarte peper

INSTRUCTIES
a) Verwarm de oven voor op 350 ° F. Rooster de knoflook op een kleine bakplaat goudbruin, 12 tot 15 minuten. Pers of plet de geroosterde knoflook en pureer tot een pasta. Opzij zetten.
b) Terwijl de knoflook aan het braden is, stoom je de spinazie in 5 minuten gaar. Knijp droog en hak fijn. Opzij zetten.
c) Meng in een middelgrote kom de mayonaise, zure room, limoensap en geroosterde knoflook. Roer om te combineren. Voeg de groene uien, wortel en koriander toe. Roer de gestoomde spinazie erdoor en breng op smaak met het selderijzout en zout en peper. Goed mengen. Zet minstens 1 uur voor het serveren in de koelkast, zodat de smaken intenser kunnen worden. Als u het niet meteen gebruikt, dek het af en zet het in de koelkast. Op de juiste manier bewaard, is het tot 3 dagen houdbaar.

CONCLUSIE

Nacho is een veelzijdig en lekker gerecht waar iedereen van kan genieten. Of je nu vegetariër bent of een vleesliefhebber, er is voor iedereen een nacho recept. Dus, de volgende keer dat je in de stemming bent voor een snack, maak dan een partij nacho's klaar en geniet van de perfecte combinatie van knapperige friet, gesmolten kaas en smaakvolle toppings.

www.ingramcontent.com/pod-product-compliance
Lightning Source LLC
Chambersburg PA
CBHW050022130526

44590CB00042B/1528